MUNDO DE INVERTEBRADOS

CARACOLES Y BABOSAS

Escrito por Graham Meadows y Claire Vial

CONTENIDO

Acerca de los caracoles y las babosas 2
Aspecto de los caracoles y las babosas 4
Babosas de mar 6
Liebres de mar y mariposas de mar . . 8
Caracoles de mar 10
Caracoles de agua dulce 12
Caracoles terrestres 14
El ciclo de vida del caracol terrestre 18
Babosas terrestres 20
Importancia de los caracoles y las babosas
para los seres humanos 22
 Cómo son útiles 22
 Cómo son dañinos 23
Glosario 24
Índice 24

Dominie Press, Inc.

Concha trompeta roja ▲

Babosa negra ▶

2

ACERCA DE LOS CARACOLES Y LAS BABOSAS

Los caracoles y las babosas pertenecen a un grupo de animales llamado *gasterópodos*. La palabra gasterópodo proviene del griego *gaster* (estómago) y *-podo* (pie). Se les dio este nombre porque tienen un pie muscular carnoso. Para los científicos, una babosa es sencillamente un caracol que tiene una concha pequeñita, o que no tiene concha.

Los caracoles y las babosas están relacionados con los pulpos, los mejillones y otros moluscos.

Los caracoles y las babosas se encuentran en la mayoría de las áreas del mundo y en una variedad de **hábitats**. Los más comunes viven en tierra, mayormente en áreas húmedas. Pero el mayor número de caracoles y babosas vive en el mar. Otros viven en agua dulce.

Caracol africano terrestre gigante

Pulpos, calamares y especies relacionadas	Gasterópodos	Mejillones, almejas y especies

Babosas marinas, liebres marinas, y mariposas marinas (unas 3,000 especies)	Caracoles marinos (unas 55,000 especies)	Caracoles de agua dulce (unas 5,000 especies)	Caracoles terrestres (unas 23,000 especies)

ASPECTO DE LOS CARACOLES Y LAS BABOSAS

Los caracoles y las babosas tienen cuerpos blandos. La mayoría de los que vive en tierra tiene dos pares de tentáculos. Usan los tentáculos para palpar y oler. Tienen ojos en la punta de uno de los pares de tentáculos.

La mayoría de los caracoles tienen una concha formada por espiras. A medida que crece el caracol, tiene más espiras en la concha.

Muchas babosas terrestres tienen una concha pequeña y plana escondida bajo la piel. Muchas babosas de mar no tienen concha.

Los caracoles y las babosas en su mayoría tienen una "lengua" áspera llamada rádula. La rádula está cubierta de dientes minúsculos. Sirve como una especie de **raspador** o lima.

◀ **Babosa tigre**

▲ Caracoles de tierra de motivos rayados

◄ Caracol de jardín común

5

Babosa payaso

BABOSAS DE MAR

Las babosas de mar se encuentran por todo el mundo, principalmente en aguas **tropicales**. Algunas babosas de mar viven en aguas poco profundas, y otras nadan en alta mar. Muchas son de colores brillantes para advertirles a los **depredadores** que tienen sabor amargo o que son venenosas.

Las babosas de mar varían de tamaño de menos de una pulgada a doce pulgadas de largo. O tienen una concha escondida bajo la piel, o no tienen concha alguna. Muchas babosas no tienen tentáculos. Muchas **especies** de babosas de mar tienen branquias plumosas, pero algunas no tienen branquias. Las babosas de mar pueden respirar por la piel.

Algunas babosas de mar se alimentan de animalitos tales como esponjas, anémonas de mar, corales y huevas de peces. Otras se alimentan de algas marinas.

Babosa de mar Jason

LIEBRES DE MAR Y MARIPOSAS DE MAR

Las liebres de mar y las mariposas de mar son tipos de babosas de mar. Las liebres de mar son llamadas así porque tienen tentáculos que se parecen a las orejas de las liebres. Se encuentran por todo el mundo en aguas **templadas** y tropicales. **Sobreviven** en una **dieta** de algas.

Las mariposas de mar recibieron su nombre porque muchas de ellas tienen un par de especie de alerones que usan para nadar. Sus cuerpos son casi totalmente **transparentes**. Se encuentran en todos los océanos del mundo, hasta en las aguas **heladas** del ártico y el antártico. Viven mayormente en o cerca de la superficie del agua y se alimentan de plánctones.

A las babosas de mar, las liebres de mar y las mariposas de mar también se les llama nudibranquiados.

◀ Liebre de mar pequeña

▼ Mariposa de mar

Caracol nerita negra (izquierda), Concha trompeta pilosa (derecha)

CARACOLES DE MAR

El grupo de animales conocidos como caracoles de mar incluye lapas, bucinos, bígaros, cipreas, abalones, y conchas trompeta. Las conchas trompeta también son llamadas conchas tritón. Muchas de ellas tienen una especie de aleta especial, llamada opérculo, en el pie. Cuando el caracol se mete a su concha, el opérculo sella la entrada. Esto ayuda a proteger al caracol de sus depredadores.

Algunos caracoles de mar usan el pie muscular para arrastrarse sobre las rocas, la arena o la vegetación. Otras lo usan para **excavar** en la arena y desplazarse debajo. Muchos caracoles que excavan en la arena tienen conchas puntiagudas.

Muchos caracoles de mar son **herbívoros**, lo que significa que sólo comen plantas. Otros, tal como la concha voluta árabe, son **carnívoros**, lo que significa que comen otros animales. Algunos carnívoros, tales como los bucinos, pueden perforar la concha de una ostra o una almeja.

Concha voluta árabe ▲

CARACOLES DE AGUA DULCE

Los caracoles de agua dulce se encuentran en todo el mundo. Viven en muchos hábitats diferentes, tales como estanques, lagos, arroyos y ríos. Algunos caracoles de agua dulce hasta viven en manantiales de agua caliente.

Algunos caracoles de agua dulce tienen branquias para respirar. Pueden vivir en el fondo de los estanques. Otros tienen pulmones para respirar. Tienen que vivir en o cerca de la superficie del agua.

Igual que los caracoles de mar, muchos caracoles de agua dulce tienen opérculos en el pie. El opérculo sella la entrada a la concha y ayuda a proteger al caracol de los depredadores.

Los caracoles de agua dulce, tal como los caracoles manzana, se alimentan principalmente de algas. Algunos se alimentan de plantas o de animalitos que viven en las plantas.

◀ **Caracol manzana**

◀ **Caracoles manzana**

Caracol de jardín común ▶

LOS CARACOLES TERRESTRES

▲ **Caracol terrestre magnífico**

Los caracoles terrestres se encuentran casi en todas partes del mundo. Viven principalmente en lugares húmedos y sombreados, donde se esconden o descansan bajo hojas, troncos o piedras.

La mayoría de los caracoles terrestres vive en el suelo. Pero en los bosques, especialmente los bosques tropicales, muchos de ellos viven en árboles.

La mayoría de los caracoles terrestres están activos de noche y durante los días nublados o húmedos, porque necesitan un **ambiente** húmedo para evitar secarse. No les gusta la luz solar o los ambientes cálidos y secos. Sin embargo, algunos caracoles de tierra pueden sobrevivir bajo tales condiciones. Por ejemplo, el caracol del desierto de California, vive en las profundidades de los deslizamientos de tierra.

Todos los caracoles de tierra tienen un pulmón para respirar.

Los caracoles tienen glándulas especiales que producen babaza debajo del pie muscular. La babaza les ayuda a desplazarse sobre objetos ásperos o cortantes, y a arrastrarse sobre superficies verticales.

Algunos caracoles terrestres se mueven contrayendo y relajando su pie muscular con movimiento ondulante.

Algunos caracoles terrestres son herbívoros. Otros son **omnívoros**. Se alimentan tanto de plantas como de animales. Pero hay otros que son carnívoros. Se alimentan de animales tales como gusanos de tierra, insectos y otros caracoles.

El caracol gigante africano terrestre puede llegar a medir ocho o más pulgadas de largo.

▼ **Caracol africano terrestre gigante**

▲ **Caracol de jardín común**

▲ **Caracol de jardín común**

18

EL CICLO DE VIDA DEL CARACOL TERRESTRE

El **ciclo de vida** del caracol terrestre comienza cuando pone huevos pequeños unas dos semanas después de **aparear**. Pone los huevos individualmente o en grupos debajo de piedras, troncos u hojas muertas. Después de algunas semanas, salen pequeños caracolitos con conchas suaves y transparentes.

Los caracoles terrestres se protegen durante el invierno y los períodos secos. Se esconden debajo de las rocas, los troncos o las hojas, y usan un fluido especial para sellar la abertura de su concha.

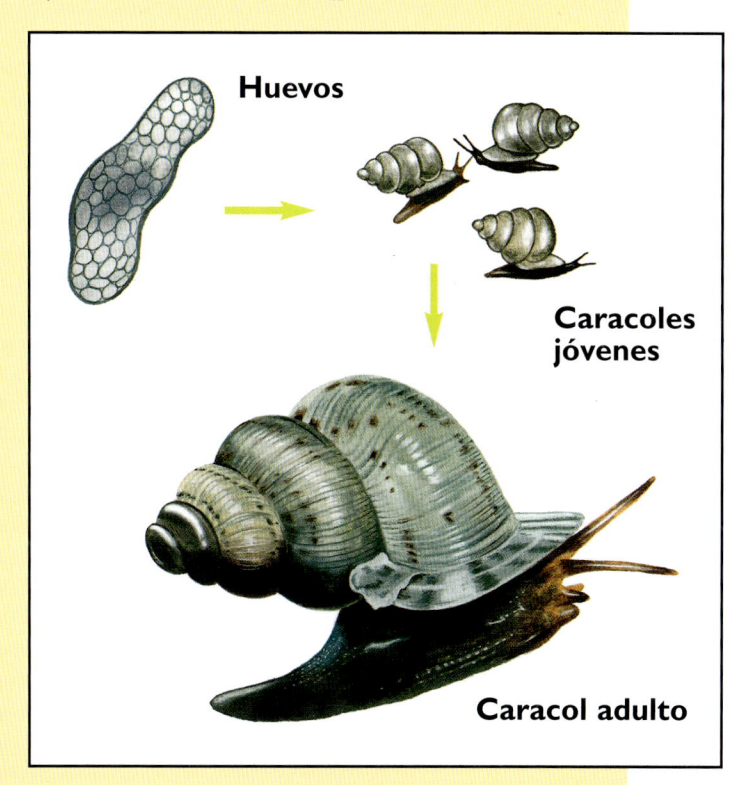

Huevos

Caracoles jóvenes

Caracol adulto

Algunos caracoles terrestres tienen órganos sexuales tanto masculinos como femeninos.

BABOSAS TERRESTRES

Algunas babosas terrestres tienen una concha pequeña escondida bajo la piel. Otras no tienen conchas. La mayoría de las babosas terrestres tienen dos pares de tentáculos. Todas tienen un pulmón para respirar. Igual que los caracoles, las babosas tienen glándulas especiales que producen babaza debajo del pie muscular.

La mayoría de las babosas terrestres son herbívoras. Las babosas tigre, también conocidas como babosas leopardo, son omnívoras. Se alimentan de plantas, pero también atrapan y comen otras babosas. Algunas babosas, tales como las babosas de hoja veteada, trepan árboles en busca de alimento.

Babosa de hoja veteada ▼

◀ **Babosas tigre apareando**

21

IMPORTANCIA DE LAS BABOSAS Y LOS CARACOLES PARA LOS SERES HUMANOS

Cómo son útiles

- Los caracoles y las babosas son parte importante de la **secuencia de organismos**. Los caracoles se alimentan de plantas, y a la vez las ranas y las aves se alimentan de ellos.
- Los seres humanos también comen cierto tipo de caracoles, tales como los bígaros y los abalones.
- En Francia, crían los caracoles terrestres, llamados escargots, especialmente como alimento humano.

Caraú comiendo un caracol ▶

Babosas tigre comiendo lechuga ▲

Cómo son dañinos
- Los caracoles y las babosas pueden ocasionar mucho daño a los cultivos. También pueden ser pestes en los jardines y los invernaderos.
- Algunos caracoles y babosas llevan **parásitos** que pueden ocasionar enfermedades en los animales y los seres humanos.

23

GLOSARIO

ambiente: Conjunto de condiciones o circunstancias que rodean un lugar.
aparear: Referido a un animal, juntarlo con otro de distinto sexo para que se reproduzcan.
carnívoros: Animales que comen otros animales.
ciclo de vida: Los estados o fases de desarrollo de un animal.
depredadores: Animales que cazan, atrapan y comen otros animales.
dieta: El alimento que una persona o un animal generalmente come.
especies: Tipos de animales que tienen ciertas características físicas en común.
excavar: Hacer un hoyo.
hábitats: Lugares donde viven y crecen plantas y animales.
herbívoros: Animales que comen plantas.
omnívoros: Animales que comen tanto plantas como otros animales.
parásitos: Animales que viven de otros animales y los usan para sobrevivir.
raspador: Un tipo de lima; una herramienta usada para raspar o limar una superficie.
secuencia de organismos: Una frase usada para describir cómo todas las cosas vivas, depredadores y presa, se alimentan de otras cosas vivas para sobrevivir.
sobreviven: Permanecen vivos.
templadas: Áreas de tierra o cuerpos de agua con temperaturas y climas moderados.
transparentes: Referido a un cuerpo, fácil de ver a través; que permite el paso de la luz y de las imágenes a través de él.
tropicales: Áreas que son muy cálidas durante todo el año.

INDEX

abalones, 11, 12
algas marinas, 7
algas, 7, 8, 12
ambiente, 15
babaza, 16, 20
babosas de mar, 4, 7, 8
babosas terrestres, 4, 20
babosas tigre, 20
bígaros, 11, 22
branquias, 7, 12
bucinos, 11
caracol africano terrestre gigante, 16
caracol del desierto de California, 15

caracoles de agua dulce, 12
caracoles de mar, 11, 12
caracoles terrestres, 15, 16, 19, 22
carnívora, 11
carnívoros, 16
ciclo de vida, 19
concha(s), 3, 4, 7, 11, 12, 19, 20
depredadores, 7, 11, 12
escargots, 22
espiras, 4
gasterópodos, 3
herbívor(os) (as), 11, 16, 20
huevos, 19
lapas, 11
liebres de mar, 8

mariposas de mar, 8
ojos, 4
omnívoros, 16, 20
opérculo(s), 11, 12
parásitos, 23
pie muscular, 3, 11, 16, 20
piel, 4, 7, 20
plánctones, 8
predadores, 7, 11, 12
pulmones, 12, 15, 20
rádula, 4
raspador, 4
secuencia de organismos, 22
tentáculos, 4, 7, 8, 20